Cancionero Boricua

Plenas dedicadas a Mayagüez y su gente
En especial a la gente del Barrio Colombia

Por: Osvaldo Torres Santiago
Nacido, criado y residente de la Calle Conde 208

Asi Es Nuestro Barrio Colombia

Sector El Rabo de la Changa

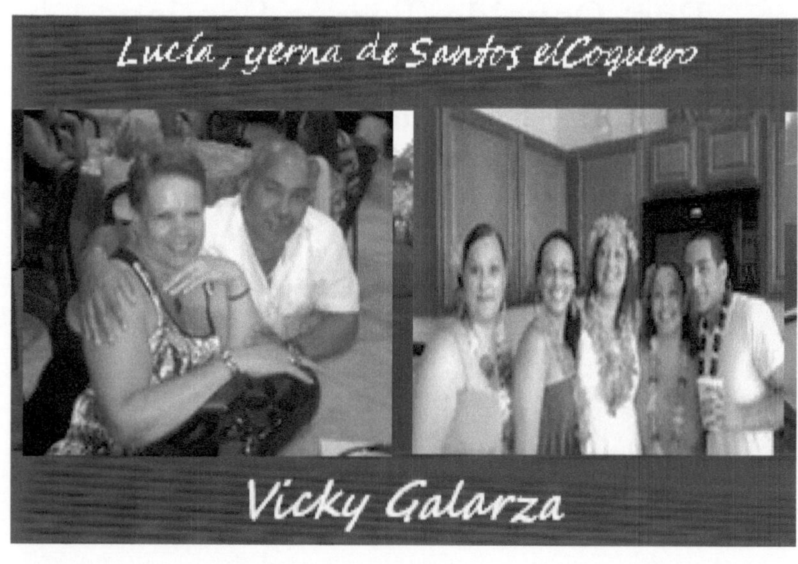

Page

Los que lo planificaron

Osvaldo Torres y Noel, El hijo de Loló

Jos'e Delgado y CarlosCuebas
Nuestros dos más fuertes pilares.

Nuestros pinos reverdecen hoy de forma bella

Suhail l delgado   Nelly Torres

Mis padres y yo hace cuarenta años

Nueva generación de hijos del Barrrio

Dimas Vazquez

Doña carmen

Tabla de Contenido

Cancionero Boricua

Dedicadas a Loló

Barrio Colombia, Mayaguez

Por: Osvaldo Torres Santiago

(Tite)

Angel Luis Torruellas
Bomba del barrio Colombi

Los vecinos de la comunidad Roosevelt
se preparan para una fiesta

Semblanza:
Era como un suspiro de la naturaleza, como un aire veraniego, de esos que nos inundan con su calor, pero a su vez era fresca como la briza primaveral, cargada de aromas naturales de las más aromáticas plantas de la tierra. Siendo como era ella, tampoco faltó en su altar personal la imagen de San Judas Tadeo. En su pequeña y humilde casa de madera nunca faltó la botella sanativa, llena de extrañas raíces sumergidas en alcohol etílico, para sobarse la piel, sacarse las dolamas y los malos espíritus. Ella no era espiritera, pero los amigos que le visitaban no se marcharían de la casa sin sus bendiciones y sus sanos consejos. Su casa estaba abierta de día como de noche para el que quisiera hacerle una visita. Amigos con necesidad de conversar y recibir sus consejos, los que siempre llegaban acompañados de un comentario jocoso o uno de sus mil refranes populares. Cada quien recibía su porción de cariño de nuestra querida Loló, y cada quien la quería saludar o hablar con ella, con la siempre amigable Loló a la que dedicamos esta semblanza.

Mujer pobre como son todas las mujeres de mi barrio. Nunca temió a la pobreza, para levantar sus hijos, los que crio en ambiente de puro amor filial. Su pobreza era su púlpito desde el que bendecía al desposeído y socorría al necesitado.

Hoy Loló ya se nos ha ido y sus recuerdos se bambolean por nuestras calles como se bamboleara la gran reina negra de Palés Matos, por nuestras encendidas calles del barrio Colombia de Mayaguez. También crepitarán por ella las bombas y bámbulas de nuestros pensamientos. Su cuerpo yerto, yace alargado, menudo pero majestuoso, alertado por la esperanza de ver algún días a su pueblo salir de la pobreza, Rígido como la espina dorsal de nuestras Antillas, sobre las que se yerguen Cuba, Jamaica, La Española, Puerto Rico y todo un cúmulo de pequeñas islas que nos siguen como seguían a su madre los hijos de Loló.

Ese es el artesanal recuerdo que queremos llevar de nuestra Santa. Recuerdos de nuestra querida y siempre recordad Loló.

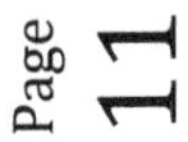

Que sirvan estas líneas para inspirar los corazones del barrio Colombia y levantar el sentido de unidad que nuestras familias necesitan.

¡Loló, tu pueblo nunca te olvidará!

Osvaldo Torres Santiago (Tite)

Dedicatoria:

Quiero dedicar este mi primer cancionero a esa gran amiga ya fenecida y a quien todo el barrio conoció como Loló. Mujer sepia de profunda pobreza material, pero de un espíritu humanitario inmensurable. Así era Loló una mujer pobre pero valiente, como son todas las mujeres de mi barrio Colombia de Mayagüez.

De lo que trata esta dedicatoria no es de limitarnos a reconocer la existencia de un ser del kilataje de Loló, y si de reconocer la fibra vibrante que existe en todas las mujeres.

Valió la pena haber nacido aquí en mi barrio, crecer a pata pelada esquivando el vidrio y el clavo mohoso, de haber conocido la casita del basurero, de haber visto la fila de gente en la pluma pública. De haber conocido Santos el Loco, a Carmelo el Mongo, a don Pedro Pérez, a Palomo, a Junior el tierno, al negro bolo, a todos mis profesores universitarios a Chibirico el morcillero, a Carlos Pérez, a los hijos de Rufino y Santa, los Bochan, al mondonguero, ya a las mil y una Lolos de mi barrio, son ellos y sus vidas, imágenes y contradicciones, los que forjaron mi actual estado conciencia del que me siento orgulloso.

El Emblema del Barrio

Plena a Loló

Loló se fue, la calle quedó vacía,
Loló se fue, la calle quedó vacía,
Yo la busqué y no la encuentro
Por la noche y por el día

Loló le sirvió a mi barrio
Lo mejor que ella podía
Dejando su casa abierta
Por la noche y por el día

Coro: Loló se fue.. la calle quedó vacía,
Loló se fue, la calle quedó vacía,
Yo la busqué y no la encuentro
Por la noche y por el día

Allí legaba el hambriento
Y el que consejos quería
Con dinero y sin dinero
El hambre mitigaría

Loló se fue, la calle quedó vacía,
Loló se fue, la calle quedó vacía,
Yo la busqué y no la encuentro
Por la noche y por el día

Antes de darse su trago
Un trago te ofrecerla
Luego sin mucho trabajo
Su consejo te daría

Loló se fue, la calle quedó vacía,
Loló se fue, la calle quedó vacía,
Yo la busqué y no la encuentro
Por la noche y por el día

Ella me dijo cantando
Que si un día se moría
Al santo Judas Tadeo
Dejen dos velas prendidas.

Loló se fue, la calle quedó vacía,
Loló se fue, la calle quedó vacía,
Yo la busqué y no la encuentro
Por la noche y por el día

Hoy te canto este rosario
Con una vela encendida
Porque sé que tu camino
Al cielo te llevaría

Coro: Loló se fue…

Mónico Alayón

Mónico Alayón ven cántame una plena
Como la cantaste en la Nochebuena

Desde tu balcón a Oscarito Bocán
Ven cántale una plena con todo tu afán

Mónico Alayón ven cántame una plena
Como la cantaste en la Nochebuena

Ve al Rabo de la Changa cántale al gordo Chacho
Una plena alegre y un son vivaracho

Mónico Alayón ven cántame una plena
Como la cantaste en la Nochebuena

En casa de Mon ve y cántale a Cuartita
Una Danza alegre y una guarachita.

Mónico Alayón ven cántame una plena
Como la cantaste en la Nochebuena

Ven cántale una plena a don Luis Puntilla
Como la cantaste allá en Aguadilla.

Mónico Alayón ven cántame una plena
Como la cantaste en la Nochebuena

Al Pandero Gris, don Leopoldo Isleño
Ven cántale una plena con todo tu empeño

Coro: Mónico Alayón ven…

Al amigo Torruellas ven cántale una Bomba,
Una Bomba alegre, bien puertorriqu8eña

Coro: Mónico Alayón ven…

A don Pedro Pérez y a Toño Cincuenta
Sírveles un trago, pónganlo en mi cuenta

Coro: Mónico Alayón ven…

A don Cheo Pérez cantémosle un concierto
De su plena alegre, en ritmo Lamento

Coro: Mónico Alayón ven…

Al Negro Chiguán, mi amigo sincere
Repícale una salve que lo lleve al cielo

Coro: Mónico Alayón ven…7

Plena Mi Yey
Es hora de levantase mi Yey
Es hora de acicalarse
También de desayunarse
Es hora de levantarse, mi Yey

Coro: Es hora de levantase…

Si te vas para la esquina mi yey
No olvides que las espinas
Se encuentran donde caminas
Si te vas para la esquina, mi Yey

Coro: Es hora de levantase…

Si te vas para el trabajo mi Yey
Recuerda que no hay atajos
Y que tampoco es relajo
Si te vas para el trabajo, mi Yey

Coro: Es hora de levantase…

La familia no se olvida, Mi Yey,
Y aunque parezca perdida
Siempre vendrán por comida
La familia no se olvida, mi Yey.

Coro: Es hora de levantase…

Cuando un vecino te llame mi Yey
No te quedes en la cama
Si es un enfermo que clama
Cuando un vecino te llame mi Yey

Coro: Es hora de levantase…

Y cuando llegue el domingo, mi yey
No olvides que tu pareja
También se te pone vieja
Y cuando llegue el domingo, mi Yey

Es hora de levantase mi Yey
Es hora de acicalarse
También de desayunarse
Es hora de levantarse mi Yet

Plena al Bocú

Óyeme bocú, repícame ese quinto
Óyeme Bocú repícame el tambor
Pon a bailar a todas las mujeres
Repícame ese quinto, repícame el tambor

Y si no quieren bailar una guaracha,
Tampoco quieren bailar su guaguancó
Toca una plena para que se levanten,
Repícame ese quinto, repícame el tambor

Coro: Óyeme bocú, repícame…

Cuando la noche nos castiga con sueño
Y la cerveza se acabó con el ron
Repica fuerte un ritmo borinqueño
Repícame ese quinta, repícame el tambor

Coro: Óyeme bocú, repícame…

Si las mujeres se sientan en corillo
Como si fuera que la fiesta acabó
Dale a ese cuero hasta sacarle brillo
Repícame ese quinta, repícame el tambor

Coro: Óyeme bocú, repícame…

Si alguna plena sabes de Mon Rivera
Y de Cheo Pérez recuerdas algún son
Toca bien fuerte para que se levanten
Repícame ese quinta, repícame el tambor

Coro: Óyeme bocú, repícame…

Barrio Colombia donde creció la plena
Con la marimba, las congas y el bongo
Ritmo lamento que se toca sin pena
Repícame ese quinta, repícame el tambor

Parroquia de Barrio Colombia

El Negro Chiguán

El negro chiguán le dijo a lola
El negro chiguan le dijo a lola
De t

us panas con bacalao yo quiero ahora
De tus panas con bacalao yo quiero ahora

Lola le dijo oye negrito
Lola le dijo oye negrito
De mis panas con bacalao coge un poquito
De mis panas con bacalao coge un poquito

Coro: El negro chiguán le dijo…

Luego llegaron Chacho y Juanito
Luego llegaron Chacho y Juanito
Quien de las panas con bacalao comió un poquito
Quien de las panas con bacalao comió un poquito

Coro: El negro chiguán le dijo…

Loló llegó muy despacito
Loló llegó muy despacito
Con mucha delicadeza comió solo un cantito
Con mucha delicadeza comió solo un cantito

Coro: El negro chiguán le dijo…

Luis Chancletazo se fue acercando
Luis Chancletazo se fue acercando
Y con la mano pela agarro tan solo un canto
Y con la mano pela agarro tan solo un canto

Coro: El negro chiguán…

Clavija y Cuco luego llegaron
Clavija y Cuco luego llegaron
Y con las panas con bacalao allí acabaron
Y con las panas con bacalao allí acabaron

Trulla navideña

Delas cosas que pasan en parranda
Muchas de ellas yo suelo recordar
Como a Guelo que casi se desbanda
Tocando fuerte el güiro hasta la madrugá

Coro: Delas cosas que…

Esa noche sacamos una trulla
En repecho para la navidad.
A las doce me dieron café puya
Porque ya no podía, no podía tomar más

Coro: Delas cosas que…
Llegamos a casa de Ganduya

Las muchachas se fueron a bailar
Así fue que empezamos esta trulla
Que ahora sigue y sigue y no puede parar.

Coro: Delas cosas que…

Yo le dije los muchachos de orquesta
Basta chicos ya paren de tocar
Me gritaron tan Buena está la fiesta
Que ahora sigue y sigue y no puede parar.

Coro: Delas cosas que…

Y nos fuimos de Colombia a San Silvestre
Muy envueltos en una trulla brutal
Y comimos mondongo en una casa
Una casa en que estaba Mariano Machangolá.

Coro: Delas cosas que…

Tomamos del sabroso pitorro
Que hacia meses supieron enterrar
Y pisamos con morcillas picantes
Que ahora con mis años yo quisiera probar

Andrés Meléndez

La perra, la gata y la lechona (Plena Reggaetón)

La perra la gata y la lechona
Quisieron tener su parrandón
Se buscaron el hielo, la cerveza
También una nevera y cuatro litros de ron.

Una perra y una gata,
Junto con una lechona
Se subieron a una loma,
A explorar lo que allí pasa.
Muy cerquita de una casa,
Se encontraba el negro Mon.
Dándose un palo de ron,
De ese que le dicen caña,
Si la cosa no me engaña,
Empezaba un vacilón.

La perra la gata y la lechona
Quisieron tener su parrandón
Se buscaron el hielo, la cerveza
También una nevera y cuatro litros de ron.

La perra, gata y lechona,
Quisieron ponerse al día
Y con mucha valentía,
Se vistieron lo más monas.
Fueron a casa de tona,
A comprar unas cervezas
Con mucha delicadeza
Cerveza y pitorro el ron
Que siempre en un vacilón,
Sobra por naturaleza.

La perra la gata y la lechona
Quisieron tener su parrandón
Se buscaron el hielo, la cerveza
También una nevera y cuatro litros de ron.

Llegaron al caserío
Donde se formó el barullo
Y las tres con mucho orgullo
Bailaban con amorío.
Pero pronto el gentío
Interrumpía el rumbón.
Luego de un palo de ron
De pronto un amigo mío
Gritó por el caserío
Queremos comer lechón

La perra la gata y la lechona
Quisieron tener su parrandón
Se buscaron el hielo, la cerveza
También una nevera y cuatro litros de ron.

Chona se quedó espantada
En medio que aquel julepe,
Cuando alguien sacó un machete,
Y el rabo se le entorchaba.
Se lanzó por la hondonada
Juyendo del incidente.
Tropezó con un tridente,
Que se encontraba en la orilla
1Pelándose la rodilla
Volándose cuatro dientes

La perra la gata y la lechona
Quisieron tener su parrandón
Se buscaron el hielo, la cerveza
También una nevera y cuatro litros de ron.

Perdió toda la morcilla
También perdió la gandinga,
Y cuando casi respinga
Se rompió cuatro costillas
Pronto se acercó a una villa
La pobre despatarrada.
Donde la gente gritaba
De lechón denme un cantito,
Aunque sea denme el rabito
Gritaba la turba airada

> La perra la gata y la lechona
> Quisieron tener su parrandón
> Se buscaron el hielo, la cerveza
> También una nevera y cuatro litros de ron.

Al fin de aquella escapada
La panza se le arrastraba,
Y entre lágrimas y babas
Se veía muy desquiciada
Quedó tan descuartizada
Que se postró en la sabana
Terminada la jarana
Gritaba doña Narcisa,
¡Ni sirve pa' longaniza,
Que suelten esa marrana!
Que buena suerte

Que buena suerte

Que buena suerte, que buena suerte
Que buena suerte tu tienes, que buena
suerte.

Te encontraste una soga frente a tu casa
Y al final de aquella soga había una vaca.
Te encontraste una soga frente a tu casa
Y al final de aquella soga había una vaca.

Que buena suerte, que buena suerte
Que buena suerte tu tienes, que buena
suerte.

Te encontraste una cabuya en casa e' Brito
Y al fínal de la cabuya había un cabrito
Te encontraste una cabuya en casa e' Brito
Y al fínal de la cabuya había un cabrito

Que buena suerte, que buena suerte
Que buena suerte tu tienes, que buena
suerte.

Te encontraste una jaula en la cocina

Dentro de la jaula había cuadro gallinas.
Te encontraste una jaula en la cocina
Dentro de la jaula había cuadro gallinas.

> Que buena suerte, que buena suerte
> Que buena suerte tu tienes, que buena suerte.

Te encontraste una cartera con veinte pesos
La misma que le robaron a don Cerezo
Te encontraste una cartera con veinte pesos
La misma que le robaron a don Cerezo

> Que buena suerte, que buena suerte
> Que buena suerte tu tienes, que buena suerte.

Te encontraste una cadena al medio día
Al final de la cadena había un policía
Te encontraste una cadena al medio día
Al final de la cadena había un policía

> Que buena suerte, que buena suerte
> Que buena suerte tu tienes, que buena suerte.

Gato encerrado

Tienes un gato aquí encerrao
Que sale por las noches
y te hace miau, miau, miau

Me lo dijo Joaquina la de aquí al lao
Que tu tienes un gato bien encerrao.
Se va por la mañana el muy descarao
Luego llega en la noche
y te hace Miau, Miau, Miau.

Coro: Tienes un gato…

Un gato majadero y caripelado
Que sólo se alimenta de buen pescao
Se come su chuleta y su pollo guisao
Luego llega en las noches y te hace miau

Coro… Tienes un gato…

En el barrio Colombia el se ha criao
Debajo de tu cama vive guillao
Se va tirando piedras sobre el tejao
Luego llega en la noche
Y te hace Miau, Miau, Miau

Coro: Tienes un gato…

Cuando tiene apetito sale de lao
Se asoma a la ventana del otro lao
Al abrirle la puerta entra guillao
Se te sube la cama
Y te hace miau, miau, miau

Coro: Tienes un gato…

Dicen que tu marido no lo ha notao
Que tu tienes un gato aquí encerrao
Cuando llega borracho el pobre venao
El gato se aprovecha
y te hace miau, miau, miau.

Tienes un gato aquí encerrao
Que sale por las noches
y te hace miau, miau, miau

Plena del barrio Colombia

Colombia barrio de mi Mayagüez
Colombia barrio de mi Mayagüez
En ti he nacido y en ti moriré
En ti he nacido y en ti moriré

Coro: Colombia barrio…

La calle Conde de mi Mayagüez
La calle Conde de mi Mayagüez
Tiene la iglesia en que me bautice
Tiene la iglesia en que me bautice

Coro: Colombia barrio…

Allí Teresa se fue confesar
Allí Teresa se fue confesar
La misma noche que me hizo pecar
La misma noche que me hizo pecar

Coro: Colombia barrio…

Yo vi a Teresa en casa de Nicolás
Yo vi a Teresa en casa de Nicolás
Como a las cuatro de la madrugá
Como a las cuatro de la madrugá

Coro: Colombia barrio…

Me pidió un peso y yo no le di na,
Me pidió un peso y yo no le di na,
Porque esa prieta estaba arrebatá.
Porque esa prieta estaba arrebatá.

Coro: Colombia barrio…

Como a las cinco me fui a descasar
Como a las cinco me fui a descasar
Y la mulata se me fue detrás
Y la mulata se me fue detrás

Coro:…Colombia barrio…

Al medo día pude despertar
Al medio día pude despertar
Y la mulata se fue a cocinar.
Y la mulata se fue a cocinar

Coro: Colombia barrio…

La pata y el gallo manilo

Crie una pata, Que se ha cruzao
Con un gallo manilo, Y han procreao
Crie una pata, Que se ha cruzao
Con un gallo manilo, Y han procreao

Coro: Crie una pata…

Tienen unos pollitos, Medios guillaos
Unos andan de frente, Y otros andan de lao
Un pato bien machudo, Ella me ha dao
Con un pollito rubio, Y escocotao

Coro: Crie una pata…

Pero el pato machudo,se ha tasformao
Y pinta la guareta en el soberao
Cuando sale de noche, se va pintao
Meneando la colita, del otro lao

Coro: Crie una pata…,

Cuando sale a la escuela, se va tirao
Combinando su blusa, color rosao
Con unos calzoncitos, bien apretaos
Cogido de la mano, con el pato del lao

Coro: Crie una pata…

Un gallo de pelea quise cruzao
Fuerte como una pata, el condenao
Lo eché a pelear anoche en el soberao.
Sangre de pato lleva, no peleó ni empujao

Coro: Crie una pata…

Es que pollito rubio, Se ha destapao
Bailando la tablita medio virao
Canta por la mañana, medio guillao
Cuac, cuac, cuac cuac cuao, cuao
Cuac, cuac, cuac cuac cuao, cuao

Crie una pata, Que se ha cruzao
Con un gallo manilo, Y han procreao
Crie una pata, Que se ha cruzao
Con un gallo manilo, Y han procreao

El poder de la Plena

La plena tiene mucho poder
La plena tiene mucho poder
Si tu me la bailas yo te la cantaré
Si tu me la bailas yo te la cantaré

La plena tiene mucho poder
La plena tiene mucho poder
Si tu me la bailas yo te la cantaré
Si tu me la bailas yo te la cantaré

La bailan en China como en Mayagüez
La bailan en China como en Mayagüez
Si puedes bailarla que empiece el bembé
Al son de panderos Yo te la cantaré

Coro: La plena tiene…

Unos dicen que en Ponce otros que en Mayagüez
Unos dicen que en Ponce otros que en Mayagüez
Donde nació la plena yo nunca lo sabré
Sólo sé que ha nacido y en mi Borinquén fue

Coro: La plena tiene…

En estas navidades yo te la cantaré
En estas navidades yo te la cantaré
Cuando llegue la trulla desde mi Mayagüez
Cuando llegue la trulla desde mi Mayagüez

Coro: La plena tiene…

Del género lamento ahora les hablaré
Del genero lamento ahora les hablaré
Ese si que ha nacido aquí en mi Mayagüez
Su rey era Cheo Pérez, que ahora se nos fue

Coro: La plena tiene…

A mi barrio Colombia yo le dedicaré
A mi barrio Colombia yo le dedicaré
Está plena caliente nacida en Mayagüez
Para que tu la bailes yo te la cantaré

Coro:... La plena tiene…

A los viejos del barrio yo les dedicaré
A los viejos del barrio yo les dedicaré
Pues son esas personas que ya no olvidaré
Junto a los revendones que hacen negocio a pies

Coro: La plena tiene…

Las plenas y el barrio

No dejes al barrio Colombia
Fuera de nuestra plena
no dejes al barrio a Colombia
que su plena, es muy buena.

Coro: No dejes al barrio Colombia…

Ayer te escuchaba cantando
Cantándome una plena.
Mencionaste a todos los barrios
Pero a Colombia dejaste fuera

Coro: No dejes al barrio Colombia…

Si no cesan en su empeño
De dejarnos fuera
Que harás con Leopoldo Isleño
Cuando quieras cantar su plena

Coro: No dejes al barrio Colombia…

Que harás con don Cheo Pérez
Cuando su ritmo lamento
Lo eleve con sus quereres
Como cometa con el viento.

Coro: No dejes al barrio Colombia…

Dime que harás con Torruellas
Con Niquito, chacho, con Yeto
Que son de nuestras estrellas
Las que inspiran este concierto

Coro: No dejes al barrio Colombia…

Que harás con Andrés Meléndez
Con Cuartita, tite y Mamerto
Con Edwin el de los Méndez
Y los pleneros que no recuerdo.

Coro: No dejes al barrio Colombia…

Para que tu no te olvides
Cuando vuelvas a cantar
Los barrios que nos dividen
Aquí te voy a contar.

Coro: No dejes al barrio Colombia…

Mayagüez cuna de antaño,
Balboa, Broadway, Tras Talleres,
Junto a La Quinta son seres,
Queridos de tu rebaño,

Coro: No dejes al barrio Colombia…

Bautizados en un baño,
De tu rico Manantial.
La Cantera y Mineral,
Liceo, París, Dulces Labios,

Coro: No dejes al barrio Colombia…

Son tus hijos, son los barrios,
Valiosos de tu caudal.
Mayagüez, ciudad sin par,
Son fieles a tu sudario,

Coro: No dejes al barrio Colombia…

Salud, Santurce, Algarrobo,
Barrio Cárcel, Barcelona,
Buena vista de una loma
Los mira con mucho arrojo
.

Coro: No dejes al barrio Colombia…

Colombia hiló tu traje,
Para darte a ti más brillo,
Sábalos, Seco y Castillo,
Diseñaron tu ropaje.

Plena viva

Plena viva, plena mía,
Plena de mi corazón
Hoy le traigo a tus quereres
Las rosas de la pasión.

> Plena viva, plena mía,
> Plena de mi corazón
> Hoy le traigo a tus quereres
> Las rosas de la pasión.

Plena viva, plena mía
Plena de mi corazón
Hoy le canto a tus mujeres
Con borinqueña pasión

> Plena viva, plena mía,
> Plena de mi corazón
> Hoy le traigo a tus quereres
> Las rosas de la pasión.

Plena libre de intereses
Que mutilen la razón
Hoy le canto a tus placeres
Con muy sobrada razón

Coro: Plena viva, plena mía…

Yo le canto a las mujeres
Que posan en tu balcón
Son la estampa que se quiere
Son las flores de mi amor.

Coro: Plena viva, plena mía…

Son tus lirios, son tus nardos
Brotes de mi inspiración.
Amapolas que hoy les canto
Con todo mi corazón

Coro: Plena viva, plena mía…

Si la muerte te conturba
Y te nubla la razón
No olvides ir a la tumba
Con borinqueña pasión

Plena viva, plena mía,
Plena de mi corazón
Hoy le traigo a tus quereres
Las rosas de la pasión.

La plena del chicharrón

Cuando el chicharrón se sube a la mesa,
Cuando el chicharrón se sube a la mesa,
Tienes que bajarlo con una cerveza.
Tienes que bajarlo con una cerveza.

No me den pitorro, ni ron de cabeza
Cuando el chicharrón se sube a la mesa,
Tienes que bajarlo con una cerveza.

Cuando el chicharrón se sube a la mesa,
Cuando el chicharrón se sube a la mesa,
Tienes que bajarlo con una cerveza.

Dicen que el lechón murió de tristeza
Cuando el chicharrón se subió a la mesa
Y hubo que bajarlo con una cerveza

Cuando el chicharrón se sube a la mesa,
Tienes que bajarlo con una cerveza.
Tienes que bajarlo con una cerveza.

Para el vacilón gritaba teresa
Cuando el chicharrón se subió a la mesa
Cuando el chicharrón se sube a la mesa,

Cuando el chicharrón se sube a la mesa,
Tienes que bajarlo con una cerveza.
Tienes que bajarlo con una cerveza.

Ponle requesón, eso lo adereza
Ya que el chicharrón se subió la mesa
Vamos a bajarlo traigan la cerveza

Cuando el chicharrón se sube a la mesa,
Cuando el chicharrón se sube a la mesa,
Tienes que bajarlo con una cerveza.
Tienes que bajarlo con una cerveza.

Pónganse en fila gritaba Josefa
Tengo el chicharrón servido a la mesa
Ya pueden bajarlo con una cerveza.

Cuando el chicharrón se sube a la mesa,
Cuando el chicharrón se sube a la mesa,
Tienes que bajarlo con una cerveza.
Tienes que bajarlo con una cerveza.

El mondonguero

Si tu quieres mondongo yo te echo la patita.
Si tu quieres mondongo yo te echo la patita.
Gritaba el mondonguero con su pregón que agita
Gritaba el mondonguero con su pregón que agita

Aquí está su mondongo, fíese caserita
Aquí está su mondongo, fíese caserita
Que una pata le pongo, una pata bonita
Que una pata le pongo, una pata bonita

Coro: Si tu quieres mondongo…

Si no quieres mondongo, traigo la morcillita
Si no quieres mondongo, traigo la morcillita
Fíjese usted señora que morcilla bonita
Fíjese usted señora que morcilla bonita

Coro: Si tu quieres mondongo…

El mondongo con viandas eso es cosa tan rica
El mondongo con viandas eso es cosa tan rica
También con arroz blanco sabe a cosa bonita.
También con arroz blanco sabe a cosa bonita.

Coro: Si tu quieres mondongo…

Si le pones picante el sabor se suaviza.
Si le pones picante el sabor se suaviza.
Si te pica el mondongo, te pica la patita
Si te pica el mondongo, te pica la patita

Coro: Si tu quieres mondongo…

El mangú quisqueyano con pique se estiliza
El mangú quisqueyano con pique se estiliza
El pastel borinqueño, que rico cuando pica
El pastel borinqueño, que rico cuando pica

Coro: Si tu quieres mondongo…

Pídele al cocinero te de una probadita,
Pídele al cocinero te de una probadita,
Que encima del mondongo te ponga la patita
Que encima del mondongo te ponga la patita

Coro: Si tu quieres mondongo…

El quincallero

Quincallero, quincallero,
Véndeme tu quincallita,
Para hacerle un buen regalo
A una muchacha bonita

Para adornar sus cabellos
Te compraré una cintita,
Para que se vea más bella,
Te las compraré toditas

Coro: Quincallero, quincallero…

Para adornar su cintura,
Compraré una cinta roja,
Esta hará que su tesura
Se denote más hermosa.

Coro: Quincallero, quincallero…

Para que su rostro pueda
Compararse a las estrellas,
De las telas que tú vendes,
Te compraré la más bella.

Coro: Quincallero, quincallero…

De las estrellas del cielo
Véndeme la más radiante
Pa' lucirla en su cabello,
Como un broche de brillantes

Coro: Quincallero, quincallero…

De los soles que componen,
Las galaxias y universos
Compraré el que más alumbre,
Su camino si es incierto.

Coro: Quincallero, quincallero…

Le compraré una carroza
Pa' llevarla a los altares
Tirada por cien rocines
Que vuelen sobre los mares

Coro: Quincallero, quincallero…

Quincallero, quincallero,
No me saques de este sueño
Ya que curarán mis males,
Cuando de ella sea su dueño.

Coro: Quincallero, quincallero…

Recuerdos de un galán
(Plena en Seguidilla)

Recuerdo que salí un día
Muy tempranito a la calle,
Sin pensar en los detalles
Busqué a ver que aparecía.
Bajándose del tranvía,
Vi una mulata sabrosa
Cuando mire aquella cosa.
Tuve que apretar los dientes,
Se veía muy decente
Y estaba reque graciosa

Me le acerqué yo a la diva,
Fingiéndome el puritano,
Tomándole de la mano,
La invité subir arriba.
Mirándome sorprendida
Me agarró de la corbata
Me metió con una pata
Más abajo del ombligo,
No sé como te lo digo
Furiosa salió la gata.

Proseguí yo caminando,
Sobándome los timbales,
Parecía estar en Ciales,
Alguna jalda bajando.
Mientras me seguía sobando
Pronto apreció una rubia
¡Mi madre, pero que curvas!
Grité muy entusiasmado.
Aunque estaba más calmado,
Casi la impresión me turba.

No se si derecha o zurda
Pero me metió un trompón,
Cuando toque aquel fogón,
Por ver si el veneno purga.
Agarrándome una turba.,
Que sin ofrecer detalles,
Me llevaron por la calle
A son de diana candente,
Hasta perdí cuatro dientes,
Por no entrar en los detalles.

Para calmar mí desgracia
Y aquella tan mala suerte,
Casi imploro que la muerte
Bajara pa' hacerme gracia.
Pronto vi que en la farmacia
Se hallaba una chica isleña.
El fuego prendió mi leña.
Me la quedé contemplando
Y para mí comentando,
¡Que buena está la trigueña!

Cuando la vi tan risueña
Quise mi amor declararle.
Para con migo llevarle
A revocarle las greñas.
¡Cosas que la vida enseña!
"Mi señor pues no se asombre"
Dijo al preguntar su nombre.
Todos me dicen Elena,
Y a pesar de esta melena,
Para tu placer soy hombre.

Proseguí desesperado
En busca de laguna lea.
No importa bonita o fea,
De rostro desfigurado.
Pero que un rato a mi lado,
Podamos juntos pasar.
Que quiera una cana echar,
Todavía me quedan cantos,
Que son buenos y son tantos
Pa’ disfrutar sin parar.

De pronto irrumpió de frente
Una preciosa doncella.
Esa sí, que cosa bella
Que angelito más decente.
Con su mirar muy candente,
Me dijo, hazme el amor.
¡Que ternura que primor!
¡Que santa delicadeza!
Se me alivió la cabeza,
¡Fue aspirina a mi dolor!

¡Cuan corta la noche aquella!
No dormí ni medio sueño.
Aún recuerdo con empeño,
Su brillar como de estrella.
Desplazarse cual centella.
Que se adueñó de mi vida.
Hoy la batalla perdida,
Late cual viejo refrán,
Premiado fue este galán,
Aquel ángel tenía Sida.

Hoy que la vida atesoro
Más que mi viejo resabio,
Aprieto fuerte los labios,
Para llorar a mi modo.
Es que pienso en el decoro
Que nunca pude intentar.
Ayer aprendí a rezar,
En este limbo silente.
Donde camina la gente.
Silenciosos al pasar.

Me conformo con saber
Que todo se ha terminado.
Aunque el camino he dejado
En busca de otro saber.
Hoy te exhorto yo a leer
Esta carta que del cielo
Procura romper el velo
Del placer desesperado.
Te dice un desencarnado,
Que nunca más podrás verlo.

Es deleitoso el querer,
Si viene descomedido.
Que se esconde cual bandido,
Llevándote a perecer.
Aunque no quieras creer,
La historia que aquí te cuento
Es la historia del tormento
De un galán, mi viejo amigo
Hoy ya desaparecido,
Por querer vivir contento.

Que paguen los ricos

Ahora que nos están cortando los beneficios federales, los políticos del Congreso se escudan en que no pueden subirles los impuestos a los ricos, por el contrario se los quieren bajar. Por lo que vale la pena explicar eso de los impuestos y por qué su necesidad.

La sociedad capitalista es la sociedad que fuera creada por los ricos, para los ricos y es de los ricos. Se encuentra dividida en estamentos, todos en apoyo a la estructura billonaria en el poder.

En el estamento superior se encuentran los ricos propietarios, dueños del capital y todas sus vertientes. Son los billonarios, dueños de fortunas que llegan hasta diez billones de dólares.

En el segundo estamento se encuentran la alta administración, son el instrumento directo de control de la riqueza, los vigilantes del poder, que mantienen las estructuras. Los que nos gobiernan.

En tercer lugar la estructura de obreros y trabajadores que con su trabaja, son los que le dan vida y sostén al sistema.

En el cuarto estamento los desempleados. Ese ejercito de mano de obra disponible para sustituir a los componentes del tercer estamento. Somos los jugadores del banco, que no participamos del juego, pero estamos allí disponibles para entrar en funciones cuando se nos llama, por lo que hay que mantenernos saludables y en forma y esa labor le toca a los dueños del sistema, a los capitalistas, esa es la razón de la existencia de los programas de beneficencia No para sacar a los pobres de la pobreza y si para mantenernos vivos y en forma, de manera que estemos disponibles y utilizables cuando se nos necesite.

Para eso son los impuestos que deben pagar los ricos, para mantener saludable su maquinaria. No se puede mantener viva una maquinaria que nos se le alimenta bien y que no mantienen saludable. Los peloteros del banco no juegan ni gana tanto como los activos, pero son parte del equipo, se les debe pagar. Entonces que los ricos paguen sus impuestos y no se nos corten los beneficios a los pobres.
http://www.youtube.com/watch?v=z30VoBovM6Q&feature=player_detailpage

Según fuera publicado en la revista de la Unión Hispanoamericana de Escritores y la , RED DE ESCRITORES HISPANOAMERICANOS. ASOCIACIÓN REGISTRADA CON EL N° 67332, EL 16 DE JUNIO DE 1992, EN TRUJILLO - PERÚ

Se murió el Negro Colacho

Se murió el Negro Colacho y como era de esperarse no dejó fortuna ni nada que heredar. Como no tenía dinero, se le hizo un entierro muy pobre pero democrático; "de los pobres, por los pobres y para el pobre". Sin coronas caras, ni limosinas de lujo. Lo pasearon por el Barrio que nos vio nacer, lo llevaron hasta los banquitos del residencial público, donde solía sentarse a tomar aire fresco y a darse el palo, durante los últimos 45 años de su vida. Sus "panas" improvisaron un velatorio pueblerino y sin banderas. Sin más bandera que la gama de recuerdos que sobre el Negro Colacho llevamos los que junto a él nacimos y nos criamos, durante la gran hambruna de los primeros cincuenta años de Puerto Rico bajo la flameante bandera americana.

El velatorio improvisado cobró vida cuando se inició el rítmico tronar de los panderos, al compás de los cuales improvisaba en versos rústicos, un grupo de no menos rústicos cantantes de plena.

En vida, el Negro Colacho no pudo más que cursar el segundo grado, pues le daba vergüenza ir a la escuela a pie descalzo y no tenía posibilidades de obtener un par de zapatos. Colacho tuvo la desdicha de ser hijo de Nicolás el Matarife, de quien todavía vibra en nuestro recuerdo su voceo desde la esquina, agarrado del poste de la luz, gritando a todo pulmón y a manera de aviso: ¡Me parece ve, con la ve de vaca ve! Voceo que alertaba a los vecinos de la calle Conde, quienes pasaban a cerrar puertas y ventanas ante la presencia de aquel peligroso matarife borracho.

Para Colacho, sus hermanos y su madre doña Carmen, no había más puertas ni ventanas que cerrar en aquel pobre cuartucho, que meterse debajo de la cama, desde dónde Nicolás el matarife les sacaría a patadas. Así fue la niñez infernal del Negro Colacho. Niñez que hoy era olvidada con el zumba que zumba de la plena.

Sucedió que una de las pocas veces en que le vi sobrio, Nicolás portaba la bandera tricolor del viejo partido Republicano, dándole vivas a la estadidad. ¡Viva el estado 49 de la Unión! Gritaba Nicolás a todo pulmón. Como mi padre era defensor del modelo independentista presentado por Concepción de Gracia, yo niño curioso, me le acerque a Nicolás y le pregunté. Por que defendía la estadidad y no la independencia. El matarife se tornó iracundo y me gritó, ¿Para qué, para que nos quiten lo poquito que nos queda? Miré callejón adentro y proyecté la vista hacia el cuartucho donde Nicolás vivía con toda su tropa y me cuestioné; ¿Qué tendrá el pobre de Nicolás escondido que le puedan quitar?

Esta mañana cuando recibí la noticia de la muerte del negro Colacho, un puñado de lágrimas nublaron mis ojos ante el aleteo del recuerdo de nuestra infancia en el arrabal y de un hombre noble decente y pobre, conocido de cariño como “El Negro Colacho”

Por: Osvaldo Torres Santiago, para Letras de América.

Según fuera publicado en la revista de la Unión Hispanoamericana de Escritores y la , RED DE ESCRITORES HISPANOAMERICANOS. ASOCIACIÓN REGISTRADA CON EL N° 67332, EL 16 DE JUNIO DE 1992, EN TRUJILLO - PERÚ

La Muerte de don Cheo Pérez.

Don Cheo Pérez, Plenero rey y dueño del genero Lamento. Para los que le conocimos y vivimos en persona y desde niños su plena, tenemos inevitablemente que recordar su género "Lamento". Su voz, su timbre, era tal, que hasta cuando hablaba se dejaba sentir la belleza que había en su voz de lamento; el lamento de la raza, del barrio, del arrabal, de la pobreza, de la esquina, de su barrio Colombia y en especial del sector El Mondongo, San Silvestre, del Rabo de la Changa y por último del Caserío Roosevelt. Para los que vivimos sus canciones en persona tenemos que recordar su personalidad de voluminosa figura, cual campeón del peso de los pesados y sus 6'2" de estatura, cuyas grotescas manos de carnicero en la plaza de mercado, empequeñecían el tamaño del pandero, para hacerlo llorar con el lamento de su voz y de su plena.

Don Cheo fue un plenero que aunque grabó discos para los años cincuenta, prefería ser un plenero de pueblo, quien acostumbraba los domingos poner la gente a gozar. Sacaba su sillón y lo colocaba en frente a su apartamento, detrás del "Back Stop" del parque de pelota, en el Caserío Roosevelt de Mayagüez, colocaba una pequeña mesa frente a él y debajo de la mesa, su botella de ron "pal palo". De inmediato se dejaba escuchar su voz de lamento entonar una melódica plena. (Como nuestra juventud nunca le ha visto en la tele, debo comparar el timbre de su voz, con la voz de otro grande, Luis Lebrón, vocalista de la orquesta de los Hermanos Lebrón, pero cantando plenas con el jadeo del lamento.)

Tan pronto se iniciaba el lamento, llovía la gente y el barrio sacaba sus güiros, y sus maracas, y sus cencerros, bongós, cuatro, tres, guitarras, congas y arrancaba con todo lo que tenían para prender a todo el barrio al calor de su plena, y de la olla de chicharrones que iba acompañada por el buen "palo". Todo bajo la sombra de la plena y las notas de "Consuelo mío dueña de la hermosura"... y una treintena más de plenas coreadas a todo galillo, por la multitud que alegremente le coreaba.

Don Cheo no sólo era un alegre plenero y compositor, sino que fue, era y seguirá siendo el hombre más querido y recordado por nuestra generación.

Luego de la muerte de don Cheo en la Florida, volví al caserío y se notaba la ausencia del plenero, El parque estaba desierto y su figura musical ausente, ya no se escuchaba, su voz melódica adornar las tonalidades de la tarde, La voz alegre de Don Cheo Pérez, había sido sustituida por la voz triste y estridente del tirador del punto que me ofrecía la venta de un cinquito.

Por: Osvaldo Torres Santiago, para Letras de América.

Los títeres del Barrio

A los títeres del barrio tenemos que dividirlos en don bandos. De un lado los títeres viejos y del otro lado a los títeres de ahora. Los viejos títeres del barrio no eran otra cosa que guapos de esquina, barra y cantina. Que les gustaba figurar de bonitillos y se peleaban por la falda de cualquier mujer.

Cando un guapo de aquellos sentaba bandera había que dejarlo tranquilo o de seguro que correría la sangre.

Los guapos de ahora son otra cosa, son peligrosos pues se sienten a gusto al hacer daño. No se pelean por el control romántico aquel de ser el Che Che del lugar. Se matan a tiros por el control del punto de drogas.

Los títeres de mis días eran vigilantes del barrio y su gente. Les daba mucho orgullo sentir que se defendía al barrio y si alguien de otra zona llegaba se tenía que acoplar a la gente de la esquina, pues de lo contrario, se le azotaba de mala manera, no se pedía venir con guaperías pues se le apedreaba; Se le entraba a pedradas, de aquí el sobre nombre de "los tirapiedras de Colombia".

Los títeres de hoy no piensan en otra cosa que en la cura y jamás piensan en el cura.

Décimas Navideñas

Añoranza navideña

Con mi tabaco encendido
Llego al trapiche de caña,
Añorando la cabaña
Que dejé al cruzar el río.
Allí quedó el amor mío
Mirando hacia la quebrada,
Con la textura encantada
De su pureza trigueña,
Mi jíbara borinqueña
A los reyes les cantaba.

En sus clamores prendida,
Aquella jíbara bella,
Acercose hasta la estrella
Que vibra siempre encendida.
En una oración seguida
Reclamaba con empeño,
Del terruño borinqueño
La libertad perseguida.
Ya que la vida no es vida
Sin el sueño de mis sueños.

Los Reyes Magos

Un día los magos de Oriente
Olvidaron su montura,
Por allá por la llanura,
En un pueblo de occidente.
Pero el Señor diligente
Y con su mente de rayo,
Dijo que al cantar el gallo
Sobre suelo borinqueño
Los reyes vendrían risueños
Montados sobre caballo.

Por eso es que a mi me gusta,
Cuando llega el seis de enero,
Aunque verlos yo no puedo
Deslizare entre las sombras.
No sé si serán sus montas,
O mi fe siempre creciente,
Pero lo que un niño siente,
Cuando enero esta con él
Y hace su alegría crecer,
No es producto de la mente

No importa si la montura
De los reyes ha variado,
Eso ya se ha comentado,
Desde el llano hasta la altura.
Ya sea en una jaca obscura,
Quizás un potro limeño.
Todo niño borinqueño
Lo que espera el seis de enero
Es el presente sincero
Que alimentara su sueño.

Por eso es que en Puerto Rico
Nuestra santa epifanía
Nos llega siempre ese día
Cubriendo llanos y picos.
Sus flores cual abanicos
Se desplazan por la sierra.
Nuestra voluntad se aferra,
Pues los reyes de esta historia
Llenan los niños de gloria
Sobre toda nuestra tierra.

Sueño de niño

Cuando de niño me hallaba,
Sobre el trono de la infancia,
Los reyes con su distancia,
Sentí que me acariciaban.
Con sus barbas me arropaban,
Lo que les cuento es verdad.
Sentí toda la bondad,
Pregonada en sus amores,
Cual aromáticas flores,
Del jardín de la piedad.

Escuche en el matorral,
Los pasos de su montura,
Aunque la noche era obscura,
Trotaba cual vendaval.
Yo me tuve que arropar,
De los pies a la cabeza.
Cuando toda la maleza,
Que circunda mi bohío,
Las gotas de su rocío,
Mojaba con gentileza.

Luego con delicadeza,
Posé los pies sobre el suelo.
Entonces vi con recelo,
Lo que miró mi extrañeza.
La santa naturaleza,
De mi latina conciencia,
Yo juzgue sin insistencia,
Cuando por los arrabales,
Vi plasmarse en los rosales,
Los reyes de nuestra herencia.

Hoy que los reyes se han ido,
Quedó vacío el empeño,
De aquel niño que ahora sueño,
Entre dos mundos perdido.
Como rebaño escondido,
Siento la fe que se mece,
Sobre el jardín donde crece,
La hamaca de sus bondades,
Soñando en las navidades,
Lo que nuestro amor merece.

Siento como languidece,
El sueño de cuando niño.
Y en el jardín del cariño,
Su semilla ya no crece.
Aunque en mi hamaca se mecen,
Los lirios y el flamboyán,
Cuando imploro aquel refrán,
Por sentirme tan riqueño,
En mi pecho borinqueño,
También se mece mi afán,

Las trullas navideñas

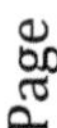

Sopón Taíno

Tengo en mi Guarikitén,
Una caguama, un dajao,
Cien guabinas he pescao,
Para asarlas al burén.
Aquí les traigo también,
Mi buen buroncito asao,
Con el casabe tostao,
Y mafafos al carbón,
Todos de mi buen fogón,
Dónde la tea he rejuntao.

Tendido en el soberao,
También tengo mi petate,
Donde viandas y aguacate,
Pa burundanga he guardao.
En mi batei bien sentao,
Tengo un viejo taburete,
Donde pongo los epeques
Que pa' las coas he cortao.
Es que aquí todo está echao,
Pa' cuando empiece el guateque.

Aromas de Rocío

El verde se desvanece
Al llegar a la quebrada,
Como tu verde mirada
Me mira y desaparece.
El río pronto se tuerce
Surcando su desespero,
Queriendo ser el primero
En poder beber tu frente,
Como el vino que se vierte
En mí trotar de lucero.

Montaña tu verde quiero
Como rosa mañanera.
Mas cual sol de primavera
Sentir tu calor prefiero.
Deja que mi canto fiero
Cubra tu verde ricura.
Galopará la ternura
Sobre el lomo de mi prosa,
Como brisa que retoza
Sobre toda la llanura.

Asoma tu verde cresta,
Elévate, se mi cielo.
Arrópame con tu velo
De montaña manifiesta.
Por que si el sol se despierta
Antes que despierte el río,
Hundiré en tu pecho frío
El amor que manifiesto,
Al beber desde mi huerto
Aromas de tu rocío.

Cerro Las

Mesas

Yo soy el ángel

Soy el ángel que ha venido
Acercándose a tu puerta
Seré como aquella cresta
Del monte que ha florecido
Quiero ser como el sonido
Que irrumpe al nacer el día
También ser la melodía
De sangre puertorriqueña
Que inspiró la borinqueña
Yo quiero ser la poesía

Quiero ser la raza hispana
que emerge de tu rivera
y ser como la cantera
de mi patria soberana
también como la sabana
por donde galopa el viento
empinarme con el tiempo
que hará navegar tu barca
siendo la luz que te enmarca
como el amor que yo siento

Quiero ser Borinquen bella
De tu río la corriente
Desbordarme en el torrente
Por donde emana tu estrella.
Ser luz que en la noche aquella
Hizo renacer mi infancia,
Cuando el pueblo a la distancia
Te cantaba sus cantares
Y un lucero desde Lares
Me brindó su rutilancia.

Yo soy el ángel

Canto a una sopa

Te como en puertorriqueño
Te como porque te amo
También te como en cubano
Ajiaco de mis ensueños.

Te comí en dominicano,
Y en Haití casi te sueño
Al probar lo rico e isleño
Del sancocho borincano.

La yuca con la malanga
Se dieron cita ese día,
Mil batatas y yautías
Formaron la gran pachanga.

La burundanga señores
Cual suculento resabio
De lerenes y el buen apio
No tuvo tiempos mejores.

Se inició la caravana
Cuando el ñame izó bandera
Y el plátano en la pradera
Trajo guineo de sabana.

El ajo y el cilantrillo
Formaron un buen recao
Con tres gotas de melao
Y hasta manteca de grillo.

La calabaza al tomate
Le ofreció la bienvenida
Y adornaba la comida
Un gazpacho de aguacate.

Corrí por el soberao,
Llegué hasta el guariketen
Encontrado ¿saber quién?
Un pitorro bien curao.

Llámelo como usted quiera
Sopa de viandas o ajiaco,
No hay na' mejor, gritó juaco,
Que un sancocho sin fronteras.

Los casos contra Israel Cuevas y esposa

Esa noche los títeres de la esquina montaron una manigua de topos, jugada de dados. Pasada la media noche se apareció un vehículo cagado de hombres vestidos en ropa de paisano. Sin mediar palabras se bajaron del vehículo y prorrumpieron a golpes contra los que jugaban y los que miraban. La golpiza fue brutal. Israel Cuevas, quien vivía en la casa de la esquina en que se jugaba, escuchó el escándalo y pesando que era una pelea callejera entre los jugadores, Salió al balcón en rpa interior a tratar de apaciguar a los beligerantes se topa con uno de los agresores dándole de macanazos en el suelo a uno de los jugadores y le exclama: ¡vas amatar a ese muchacho! El sujeto, quien luego resultó ser un policía, la emprendió a golpes contra Israel, quien corrió a guarecerse en su casa, seguido por el policía que continuaba pegándole. Con tan mala suerte que la esposa de Israel, defendiendo a su marido, le propino dos golpes al policía con un pedazo de madera la que resultó tener un clavo, causándole una perforación en un pulmón. Ambos fueron arrestados e imputados con el delito de agresión agravada.

Organizamos un comité de apoyo a la pareja y organizamos una marcha de apoyo, para dar a conocer el caso y comenzó la tensión y la persecución contra el comité. Llegó la hora de la marcha y desde temprano en la mañana comenzaron a darle la vuelta a la esquina dos autos patrulla, con las luces y los biombos encendidos. Se demostraba con claridad que estaban dispuestos a obstaculizar la marcha, la gente no se atrevía a salir de sus casas.

Comenzamos con una marcha de unos diez personas, pero en la medida en que se marchaba se iba sumando la gente y culminamos la marcha en el cuartel de la policía con más de cien personas, luego de pasar por la casa alcaldía. Comenzó el piquete que ya estaba cobrando fuerza, cuando la policía decidió acabar con el piquete y se formó un tremendo motín.

A fin de cuentas, que ganamos todos los casos y esa noche celebramos con una fiesta de calle en la misma esquina de la general paton. Todo con comidas y bebidas, fuegos artificiales, acompañados por la orquesta fire, Roy Brown y otros artistas. Esa noche la policía no se acercó por el lugar.

Lo que nos demostró la situación es que nuestro barrio es bueno, que le sobra corazón y que en todo momento está dispuesto a sacar la cara por sus hijos.

A continuación presentamos la introducción a mi libro de filsfía titulado: “La quinta fuerza Fundamental”.

Introducción:

Llegó el momento en que el conocimiento nos hace dejar de ser niños y comenzamos a comportarnos como adultos, buscando las raíces materiales que nos han conducido hasta aquí.

Hemos buscado nuestras raíces a través de la religión, en las múltiples religiones que hemos frecuentado, vimos que todas tienen la misma culminación; prohibiciones y diezmos. De manera que si sumamos las prohibiciones de todas las religiones, en una sola religión, culminaríamos nuestras vidas encerrados en una cueva, contorsionando nuestro cuerpo e ingiriendo vegetales, con el cabello a la rodilla, cundidos de alimañas, pues no se puede matar.

La vida del hombre tiene una dinámica, que se inició con la energía oscura del universo. Luego del ““‘Big Bang’””, generado por la presión negativa de la energía obscura, sobe las cinco fuerzas fundamentales, que navegaban como burbuja a la deriva sobre el manto de energía. Con el “Big Bang” se inició el proceso de creación de materia, derivada de la energía oscura y la materia radiante que conocemos hoy. Nacimos de la energía radiante al influjo de la energía oscura. Lo que nos lleva a pensar que los hoyos negros puedan ser nuestra vía de retorno al principio de la creación.

Pero la gran explosión ha permitido a toda la naturaleza, oscura y radiante, poder conocerse a sí misma, usando su propia inteligencia. Desde el momento en que las cinco fuerzas atrapadas en su propia burbuja, entraron en contradicción con la energía oscura, para luego reventar un día, escapando de su prisión energética, creando la explosión en materia radiante, la que evolucionó hasta llegar a tener como sus propios ojos al hombre pensante. Develando para su conocimiento, sus propios misterios a través de la vida inteligente; ¡El hombre!

Como lo resumiera Engels: "El hombre es el vertebrado aquel, a través de cual, la naturaleza gana conciencia de su propia existencia".

La poesía como disciplina del pensamiento, nos lleva a razonar en metáforas metafísicas los dones de esa existencia.

El principio

El hombre piensa y como piensa razona y al razonar lo hace mediante dos formas;

a) su interpretación inmediata o intuitiva de lo 4que cree que es el fenómeno en cuestión. Para esto se vale del conocimiento cultural arrastrado. En esa interpretación entran la moralidad social aprendida, la visión social y las supersticiones. Ese modo de interpretación tiende a atribuirles dones superiores y sobrenaturales a figuras creadas por él en representación del ambiente, dándole margen a la creación de las formas religiosas y por ende la religión organizada, la que evoluciona en sus creencias, más lentamente que la sociedad.
b) Mediante el uso del método científico, que obliga el estudio científico de la cosa en cuestión, ajeno a la moralidad social, sus creencias y costumbres. En el método científico lo que cuenta es la evidencia de la verdad comprobable, o sea, que para que sea verdad, bajo unas mismas condiciones, un fenómeno debe repetirse obteniéndose un mismo resultado.

De esta manera es que han surgido las dos formas básicas de interpretar la naturaleza de las cosas y la inmensa variedad de formas religiosas, con las diferentes creencias e interpretación de sus orígenes y los orígenes de la materia y los reinos en que se agrupa. Resumiéndose todo a la pregunta que sobre la verdad se hace la gente; ¿Qué fue primero, la idea de la cosa o la cosa en sí?

La religión tiene su respuesta y se le llama Dios. Para la religión primero fue Dios y luego todo lo demás. Mientras que la ciencia tiene su respuesta y se le llama materia. Para el científico primero fue la materia (las cinco fuerzas fundamentales) y lego nacieron todos los dioses.

La teoría científica sostiene que el universo se inició con una gran explosión a partir de un estado de masa energética concentrada en un punto pequeño de alta temperatura, A este estado se le llama el Huevo Cósmico. Se trata de una concentración de las cuatro fuerzas fundamentales reconocidas oficialmente, tan inestables que el huevo explotó. A partir de ahí salieron "disparadas" nubes de gas y polvo cósmico, que se fueron enfriando durante la expansión y que conformaron al condensarse, gigantescas nubes de hidrógeno, constituyentes de estrellas, soles y las galaxias que universalmente conocemos hoy.

Hasta ahí todo va bien, pero se olvidan de la existencia de una Quinta fuerza, la inteligencia, capaz de conocerse así misma, mediante la evolución de su ser en hombre, con la capacidad de auto estudiarse dentro de su propio ambiente, para gritar a los cuatro vientos, soy y existo.

La galaxias

Epílogo

¿Por qué un libro de plenas y décimas? La décima es la forma más común para expresar aquello que se quiera decir. Para mí, es la forma más simple de decir cuánto quiero a mi barrio. Decirlo en forma de décimas es decirlo en forma sencilla, pero a su vez de manera ilustrativa. Se traen en ella anécdotas de impacto, ya sea por su contenido beligerante o por su gracia.

Se tiende a nombrar personajes, que son aquellos individuos quienes adornaron nuestras vidas, ya sea por su amistad, o simplemente su presencia.

Mi plena a Mónico Alayón es una forma de mencionar esos personajes y de agradecer su presencia en vida. Desde Mónico Alayón a quien admiro por su tenacidad y por ser un consecuente defensor de las cosa de la patria. También nombro figuras como don Pedro Pérez por su carácter de comerciante honesto y dedicado líder comunitario y Toño cincuenta, hombre de sabiduría industrioso y alegre persona, por ser influyentes en nuestra forma de ser y pensar.

Traigo la figura de músicos como Cuartita y Luis puntilla, pues vengo escuchando sus líricas desde mi infancia, Leopoldo Isleño y a Torruellas, por representar la afirmacón de la plena como instrumento de comunicación musical y social y como bastión musical. A don Cheo Pérez porque su plena me hizo conocer mis raíces y nuestras raíces africanas.

Presento en mi plena al Negro Chiguan, ya que su presencia en mi vida fue vital. Chiguán fue para mi desarrollo, un excelente amigo, me enseñó lo que realmente es la amistad. Recuerdo cuando yo era a penas un joven, me introdujo en mis primeros conceptos de la manufactura química, profesión a la que me dedique por cerca de diez años. Hizo su parte en mi profesión cuando en la fábrica de quesos de Lopi Pagán, me enseñó las técnicas de elaboración de queso blanco.

Recuerdo como al batir las aguas madre, o líquido en el que se forma el queso, pasábamos el tiempo del batido ejecutando a dúo las canciones de Mayarí o Marcano. En fin que el Negro Chiguán fue mi maestro sin siquiera exigirme nada, ni un solo centavo en recompensa o compensación, por su tiempo dedicado, todo por el placer de fomentar y mantener los principios la pura amistad. Cantábamos y hacíamos quesos, luego al empacarlos, nos empalagábamos comiendo por montones los recortes del borde de los quesos. En fin que lo dicho en mis plenas, son frases cantadas desde lo más profundo del corazón.

Cancionero Boricua

Plenas dedicadas a Mayagüez y su gente
En especial a la gente del Barrio Colombia

Por: Osvaldo Torres Santiago
Nacido, criado y residente de la Calle Conde 208

www.ingramcontent.com/pod-product-compliance
Ingram Content Group UK Ltd.
Pitfield, Milton Keynes, MK11 3LW, UK
UKHW041923190726
13854UKWH00003B/1415